BEI GRIN MACHT SICH IHR WISSEN BEZAHLT

AF168065

- Wir veröffentlichen Ihre Hausarbeit,
  Bachelor- und Masterarbeit

- Ihr eigenes eBook und Buch -
  weltweit in allen wichtigen Shops

- Verdienen Sie an jedem Verkauf

Jetzt bei www.GRIN.com hochladen
und kostenlos publizieren

GRIN ☺

Trainingsplanung zum Muskelaufbau und Kraftausbau. Erstellung eines zielorientierten Makrozyklus

Fabian Seitz

Bibliografische Information der Deutschen Nationalbibliothek:

Die Deutsche Nationalbibliothek verzeichnet diese Publikation in der Deutschen Nationalbibliografie; detaillierte bibliografische Daten sind im Internet über http://dnb.d-nb.de abrufbar.

ISBN: 9783346334886
Dieses Buch ist auch als E-Book erhältlich.

© GRIN Publishing GmbH
Nymphenburger Straße 86
80636 München

Alle Rechte vorbehalten

Druck und Bindung: Books on Demand GmbH, Norderstedt Germany
Gedruckt auf säurefreiem Papier aus verantwortungsvollen Quellen

Das vorliegende Werk wurde sorgfältig erarbeitet. Dennoch übernehmen Autoren und Verlag für die Richtigkeit von Angaben, Hinweisen, Links und Ratschlägen sowie eventuelle Druckfehler keine Haftung.

Das Buch bei GRIN: https://www.grin.com/document/980755

Deutsche Hochschule für
Prävention und Gesundheitsmanagement
Hermann Neuberger Sportschule 3
66123 Saarbrücken

Einsendeaufgabe

Fachmodul:	Trainingslehre I
Studiengang:	B.A. Fitnessökonomie
Datum Präsenzphase:	09.03.2020-12.03.2020
Name, Vorname:	Seitz, Fabian
Studienort:	Köln
Semester:	WS 2019

Inhaltsverzeichnis

1 Diagnose

Um die Optimalität und die Individualität eines Trainingsplanes zu gewährleisten ist eine vorherige Diagnose erforderlich. Hierbei werden im Eingangsgespräch die für die Planung notwendigen allgemeine Daten (Alter, Geschlecht, etc.) und biometrische Daten (Blutdruck und Körpergewicht) ermittelt. Zudem werden Trainingsmotive, und Trainingserfahrung erfragt um die Belastbarkeit des Probanden einzuschätzen. Wünsche, aus welchen im Folgenden konkrete Ziele gesetzt werden, sowie ein Zeitbudget und die berufliche Tätigkeit werden ebenfalls erhoben, um das Training bestmöglich in den Alltag des Probanden zu integrieren. Risikofaktoren und eventuelle Einnahmen von Medikamenten werden ebenfalls erfragt, um Gefahren für den Kunden zu vermeiden.

1.1 Allgemeine und biometrische Daten

Tabelle 1: Allgemeine Daten (eigene Darstellung)

Alter	19
Geschlecht	männlich
Körpergröße	178cm
Körpergewicht	79.7kg
Trainingsmotive	Muskelaufbau, Kraft in der Beinpresse erhöhen
Trainingserfahrung	Seit sechs Monaten Krafttraining, davor keinen Sport
Berufliche Tätigkeit	Student, nebenbei im Einzelhandel angestellt
Zeitbudget	Nicht gebunden → freie Zeiteinteilung
Muskelmasse	60,3kg

Tabelle 2: Biometrische Daten (eigene Darstellung)

Blutdruck	119-78

Kategorie	Systolisch		Diastolisch
Optimal	< 120	und	< 80
Normal	120-129	und/oder	80-84
Hochnormal	130-139	und/oder	85-89
Hypertonie Grad 1	140-159	und/oder	90-99
Hypertonie Grad 2	160-179	und/oder	100-109
Hypertonie Grad 3	≥ 180	und/oder	≥ 110
Isolierte systolische Hypertonie	≥ 140	und	< 90

Abbildung 1: Blutdruckklassifikation der deutschen Hochdruckliga (2013, S.7)

Der Blutdruck wurde durch ein elektrisches Messgerät ermittelt. In Anbetracht der Blutdruckklassifikation nach der deutschen Hochdruckliga (2013, S.7) liegt der systolische Wert von 119 mmHG und der diastolische Wert von 78 mmHG im optimalen Bereich. Dieser Ergebnisse stellen also keinerlei Risiken für ein normales Krafttraining dar.

Tabelle 3: Allgemeine Daten zu eventuellen Risikofaktoren (eigene Darstellung)

Eventuelle Risikofaktoren	keine
Einnahme von Medikamenten	keine

Der Proband hat vereinzelt Schmerzen in der Schulter während der Ausübung des Krafttrainings, welche nach einem kurzen Gespräch auf eine mangelnde Aufwärmung der Rotatoren der Schulter zurückzuführen ist. Des Weiteren hat er leichte Schmerzen im LWS-Bereich, welche er mit seinem Nebenjob in der Warenverräumung im Einzelhandel begründet. Letztlich befindet er sich in einem guten Gesundheitszustand, es sind also keine weiteren negativen Faktoren gegeben, welche dem Training entgegenwirken könnten.

1.2 Krafttestung

1.2.1 Begründung der Auswahl des Testverfahrens

Die Auswahl des Gewichtes im Training spielt eine sehr große Rolle. Um das optimale Trainingsgewicht zu ermitteln wird ein Krafttest mit dem Probanden durchgeführt. Hierbei gibt es mehrere Testmöglichkeiten. Der sogenannte 1-RM-Test eignet sich hier nicht, da dieser eine gute Krafttrainingserfahrung voraussetzt. Mit dem 1-RM-Test wird die maximal erreichbare dynamisch-konzentrische Kraft ermittelt. Der Test setzt also viel Motivation und Erfahrung voraus, da eine sehr hohe Belastung auf den Körper des Probanden wirkt und ein Verletzungsrisiko aufgrund von zum Beispiel mangelnder Erfahrung besteht. Eine bessere Wahl wäre der X-RM-Test. Bei dem Mehrwiederholungskrafttest geht es darum die dynamisch konzentrische Maximalkraft einer bestimmten Wiederholungszahl zu testen. Die Wiederholungszahl entspricht derselben Anzahl, mit der auch im weiteren Verlauf der Trainingssteuerung trainiert werden soll. In dieser Hinsicht ist es ein gutes Heranführen an die Übungen, welche in den späteren Zyklen ausgeübt werden. Dadurch lernt man den genauen Bewegungsablauf kennen und kann sich mehr auf die richtige Technik fokussieren. Es werden maximal drei Testsätze durchgeführt, wobei in jedem Satz das Gewicht nach dem subjektiven Empfinden des Probanden um 5%, 10% oder 25% gesteigert wird (Eifler, 2019, S.152).

1.2.2 Beschreibung des Testablaufes

Bevor mit der Krafttestung begonnen werden kann, muss der Proband sich ausreichend aufgewärmt haben um das Verletzungsrisiko zu minimieren. Mit einem allgemeinen und einem speziellen Aufwärmen bereitet man sich perfekt auf die bevorstehende Belastung vor. Beim allgemeinen Aufwärmen geht es darum, den Körper vorerst auf Betriebstemperatur zu bringen. Hierfür eignen sich 5-7 Minuten auf dem Crosstrainer, Laufband oder Ruderergometer. Anschließend folgt das spezielle Aufwärmen für die in der bevorstehenden Belastung geforderten Muskelgruppen. Unter dem speziellen Aufwärmen versteht man die Ausübung der genauen Übung aus dem Trainingsplan mit geringer Intensität (30-50%). Das Aufwärmen aktiviert unter anderem die Psyche, bringt den Kreislauf in Schwung und weckt die Muskeln und Gelenke.

Nach einem ausreichenden Aufwärmprogramm folgen die Testsätze für die Krafttestung. Der Proband versucht mit einem vorher definierten Gewicht 20 Wiederholungen zu bewältigen.

Das Gewicht wird durch subjektives Einschätzen vom Trainer gewählt. Des Weiteren wird mit einer Time under Tension von 80 Sekunden, also mit einem Muster von 2/0/2 trainiert. Die konzentrische sowie die exzentrische Bewegung belaufen sich also auf je zwei Sekunden. Wenn der Proband die 20 Wiederholungen erreicht, wird das Gewicht erneut durch Einschätzung des Trainers um 5%, 10% oder 25% erhöht. Werden im zweiten Testsatz die 20 Wiederholungen nur sehr knapp absolviert resultiert hieraus das Testergebnis für die Übung.

Mehrwiederholungskrafttest (X-RM-Test)	
1. Schritt	Allgemeines und spezielles Aufwärmen
2. Schritt	1. Testsatz: • Testgewicht Lat-Zug: Frauen 20 %, Männer 30 % des Körpergewichtes • Testgewicht Bankdrücken: Frauen 30 %, Männer 50 % des Körpergewichtes • Testgewicht Beinpresse: Frauen 100 %, Männer 125 % des Körpergewichtes
3. Schritt	2. und bei Bedarf 3. Testsatz (nach jeweils 3 Min. Pause): Steigerung der Gewichtslast um 5 %, 10 % oder 25 % je nach subjektivem Belastungsempfinden der Probanden
4. Schritt	Umsetzung des Testergebnisses in die Trainingsplanung

Abbildung 2: Ablauf eines X-RM-Tests nach Zimmer, 1999, S.45-47

Werden auch im dritten Testsatz die 20 Wiederholungen mit Leichtigkeit absolviert, so erhöht man erneut das Gewicht für den letzten Testsatz.

1.2.3 Testergebnisse des 20-RM-Tests

Tabelle 4: Testergebnisse des 20-RM-Tests (eigene Darstellung)

Testübung	Wiederholungen	1.Testsatz	2.Testsatz	3.Testsatz	Ergebnis
Beinpresse hori-zontal sitzend	20	70kg	87,5kg	-	87,5kg
Beinbeuger	20	20kg	25kg	30kg	30kg
Brustpresse hori-zontal sitzend	20	25kg	31,25kg	35kg	35kg
Schulterpresse	20	30kg	-	-	30kg
Breiter Latzug auf die Brust	20	25kg	30kg	-	30kg
Enges Rudern sit-zend	20	30kg	35kg	40kg	40kg
Hyperextensions mit Zusatzgewicht vor der Brust	20	2,5kg	5kg	-	5kg
Plank mit Zusatzge-wicht auf dem Rü-cken	30 Sekunden halten	5kg	6,25kg	8kg	8kg

1.2.4 Schlussfolgerungen der Krafttestung

Durch den erfolgten Krafttest wurde die Grundlage für die weiterer Trainingsplanung- und –Steuerung geschaffen. Anhand der resultierenden Ergebnisse aus dem Test werden nun im Folgenden die Trainingsgewichte der einzelnen Übungen definiert. Diese dienen ebenfalls zur Dokumentation von Trainingsfortschritten bei erneuter Durchführung des Mehrwiederholungskrafttests im zum Beispiel nächsten Makrozyklus. Hierdurch kann der Proband seine Fortschritte anhand von Zahlen entnehmen und sieht relativ deutlich inwiefern er sich in dieser Zeit verbessert hat. Dies führt meist zu einer erhöhten Motivation für den nächsten Makrozyklus.

2 Zielsetzung/Prognose

Schon im Eingangsgespräch hatte der Proband Wünsche und Probleme geäußert. Diese wurden notiert, jedoch noch keine genauen Ziele wurden definiert. Ein Ziel besteht aus dem Inhalt, dem Ausmaß und einer gewissen Zeit. Das primäre Ziel des Probanden war es Muskeln aufzubauen. Dies hat zum einen den Hintergrund der Ästhetik sowie der Gesundheit. Zudem beschwerte er sich über Schmerzen im LWS- Bereich durch seinen Nebenjob, aufgrund einer mangelnden Muskulatur im unteren Rücken. Des Weiteren wollte er ein höheres Gewicht an der Beinpresse bewältigen um mit seinem besten Freund mithalten zu können. Auf Basis dieser drei Aspekte wurden in der folgenden Tabelle konkrete Ziele definiert.

Tabelle 5: Konkrete Ziele des Probanden (eigene Darstellung)

Inhalt	Ausmaß	Zeit
Muskeln aufbauen	+5kg	6 Monate
Schmerzen im LWS Bereich verringern	Auf einer Schmerzskala von 6 auf 3 reduzieren	3 Monate
Leistung in der Beinpresse erhöhen	20RM von 120kg	6 Monate

2.1 Begründung der Zielsetzung

Das erste Trainingsziel des Probanden ist der Muskelaufbau. Innerhalb von sechs Monaten ist das Ziel fünf Kilogramm reine Muskelmasse von 60,3kg auf 65,3 kg aufzubauen. Da es realistisch ist, dass ein Trainingsanfänger bis zu 250 Gramm Muskelmasse in der Woche aufbaut, ist das Ziel mehr als erreichbar. Die richtige Trainingsplanung- und – steuerung zusammen mit der Motivation des Probanden bilden hierbei genau die richtige Grundlage um sich dieses Ziel zu erarbeiten.

Nachfolgend soll es das Ziel sein, die Schmerzen im LWS- Bereich auf einer Schmerzskala von sechs auf drei zu reduzieren und somit den Alltag des Probanden schmerzfreier zu machen. Dies soll schnellstmöglich, maximal aber nach drei Monaten der Fall sein. Durch ein gutes Ganzkörpertraining mit Übungen für den oberen, sowie den unteren Rücken kann man hierbei die mangelnde Rückenmuskulatur aufbauen und somit den Probanden ausreichend stärken und seine vorhandenen Rückenschmerzen lindern.

Zuletzt möchte der Proband einen Kraftzuwachs erzielen. Genaue Vorstellungen hatte er bei der Übung der Beinpresse. Er möchte mit seinem besten Freund mithalten können und somit einen 20-RM von 120kg erreichen. Es ist also eine Steigerung des 20-RM um 32,5kg nötig. Innerhalb von sechs Monaten ist diese Verbesserung des Kraftwertes sehr hochgesetzt, jedoch mit gezieltem Training und stets vorhandenen Disziplin und Motivation des Probanden erreichbar und realistisch.

3   Trainingsplanung Makrozyklus

Der sogenannte Makrozyklus ist die langfristige Trainingsplanung und umfasst in der Regel eine Dauer von sechs Monaten. Innerhalb der sechs Monate werden mehrere Mesozyklen definiert. Diese begrenzen sich für gewöhnlich auf eine Zeit von 4-8 Wochen. Das Ziel eines Makrozyklus ist die Steigerung der Leistungsfähigkeit mit immer ansteigendem Niveau. Die Planung des Makrozyklus erfolgt nach der Individuellen-Leistungsbild Methode, die sogenannte ILB-Methode.

Leistungsstufe	Zeitstufe (Monate)	Orga.- form	Einheiten/ Woche	Übungen/ Muskel	Sätze/ Übung	Intensität (% X-RM)
Orientierungsstufe	0 - 1,5	GK	2	1 - 2	1 - 2	gering
Beginner	1,5 - 6	GK	2	1 - 2	1 - 2	50 - 70
Geübter	6 - 12	GK	2 - 3	1 - 2	2	60 - 80
Fortgeschrittener	> 12	GK/ Split	3 - 4	1 - 3	2 - 3	70 - 90
Leistungs- trainierender	> 36	GK/ Split	3 - 6	1 - 4	2 - 4	80 - 100

Abbildung 3: ILB-Methode nach Eifler , 2003 (erneut modifiziert nach Eifler, 2019)

Anhand der ILB-Methode wird der Proband als Geübter eingeordnet und somit folgender Makrozyklusplan erstellt.

Tabelle 6: Makrozyklusplan für den Probanden nach der ILB-Methode (eigene Darstellung)

XXXXXXXXXX XXXXXXXXXX	Kraftausdauer- training	Muskelaufbau- training	Muskelaufbau- training	Maximalkraft- training
Zyklusdauer	6 Wochen	8 Wochen	8 Wochen	6 Wochen
Einheiten/Wo- che	2	3	3	3

Organisations-form	Ganzkörper	Ganzkörper	Ganzkörper	Ganzkörper
Anzahl Übungen pro Muskel	1-2 pro Muskel	1-2 pro Muskel	1-2 pro Muskel	1-2 pro Muskel
Anzahl Satze/Übung	2	2	2	2
Wdh.	20	12	8	5
Intensität	60% des X-RM	70% des X-RM	75% des X-RM	80% des X-RM
Bewegungs-tempo(Time under Tension)	2/0/2	2/0/2	2/0/2	2/0/2
Satzpausen	60 Sekunden	60 Sekunden	60 Sekunden	90 Sekunden

Nach jedem Mesozyklus wird ein erneuter X-RM-Test durchgeführt mit der Wiederholungszahl, mit welcher im darauffolgenden Mesozyklus trainiert wird. Dieser dient zur neuen Definierung des Trainingsgewichts.

3.1 Begründung der Wahl der Trainingsmethode

Die Individuelle-Leistungsbild-Methode bietet einen perfekten Start in das Krafttraining für Beginner. Durch die Kategorisierung wird jede Person in unterschiedliche Klassen unterteilt und somit trainiert jeder mit der Intensität, welche seiner Erfahrung und seinem Trainingsstand gerecht wird. Da nach jedem Mesozyklus ein erneuter Mehrwiederholungskrafttest stattfindet, findet eine ständige Progression statt und somit eine Leistungssteigerung des Probanden. Am Anfang startet er mit einem Kraftausdauertraining welches zu einer besseren Regenerationsfähigkeit für die darauffolgenden Mesozyklen darstellt. Nach sechswöchigem Kraftausdauertraining wird der Plan mit zwei Mesozyklen fortgeführt welche das Ziel des Muskelaufbaus verfolgen, jedoch mit unterschiedlichen Belastungen um für einen überschwelligen Trainingsreiz zu sorgen. Abschließend findet ein Maximalkrafttraining von sechs Wochen statt, um für eine Verbesserung der intramuskulären und intermuskulären Koordination zu sorgen.

3.2 Begründung der Belastungsparameter

Da der Proband erst seit sechs Monaten Krafttraining betreibt, sind für eine ausreichende Kraftsteigerung und weitere Adaptionen nicht viele Einheiten die Woche nötig. Bedeutet, dass ein Trainingsanfänger nicht zu oft in der Woche trainieren sollte. Zu viele Einheiten in der Woche wirken eher katabol als anabol. Weiterhin beweist das sogenannte Modell der Superkompensation, dass der Körper nach einem überschwelligen Trainingsreiz zur

Ermüdung geführt wird. Nach der Ermüdung erfolgt die Regeneration welche wiederhin eine erhöhte Leistungsfähigkeit mit sich bringt.

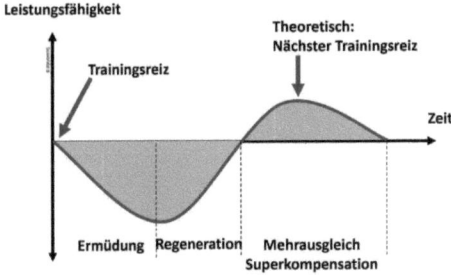

Abbildung 4: Modell der Superkompensation nach BSA/DHfPG

Die angepasste Trainingsintensität sichert die Verbesserung der Leistungsfähigkeit und verringert das Risiko auf eine Verletzung. Dadurch, dass der Proband ein Ganzkörpertraining absolviert werden eins bis zwei Übungen pro Muskelgruppe trainiert. Das ganze verteilt sich auf mindestens zwei und maximal drei Einheiten die Woche, damit genügend Regeneration stattfinden kann. Durch die ersten sechs Wochen Kraftausdauertraining wurde nun die Regenerationsfähigkeit der Muskeln erhöht, sodass im Muskelaufbau- sowie Maximalkrafttraining mit drei Ganzkörper Einheiten in der Woche trainiert werden kann und somit ausreichend Reize für den Muskelaufbau gesetzt werden. Die Anzahl der Sätze pro Übung begrenzt sich auf zwei, angepasst an die ILB-Methode nach Eifler. Des Weiteren wird mit zunehmender Intensität des X-RM je Mesozyklus auch die Wiederholungsanzahl angepassst. Während die Intensität steigt, sinkt hingegen die Wiederholungszahl. Der letzte Mesozyklus, der das Ziel der Maximalkraft verfolgt, dient dazu um mit höchster Intensität neue reize zu setzen und den Muskel nochmals auszuschöpfen. Abschließend ist zu beachten, dass über den ganzen Zeitraum des Makrozyklus die volle Motivation und Disziplin des Probanden gefordert ist.

Die Organisationsform stellt ein ganz normales Ganzkörpertraining dar. Ein Ganzkörpertraining ist ein super Einstieg für Anfänger. Hiermit kann der Proband seine Grundmuskulatur vorerst stärken und den Körper an die bevorstehenden Belastungen im weiteren Verlauf seines Krafttrainings gewöhnen. Ebenfalls werden bei einem Ganzkörpertraining Wachstumshormone ausgeschüttet welche zum Beispiel die Eiweißsynthese ankurbeln. Dadurch kommt es zu einer Förderung des Wachstums von Muskeln.

Eine Variante des Split-Trainings wäre eher eine suboptimale Lösung für den Probanden, da hier oft vier bis sechs Mal die Woche trainiert wird. Für einen Krafttrainingsanfänger ist eine derartige Zahl an Einheiten pro Woche nicht empfohlen.

4 Trainingsplanung Mesozyklus I

Tabelle 7: Allgemeine Infos Mesozyklus I (eigene Darstellung)

Allgemeine Infos	
Trainingsziel	Kraftausdauer
Zyklusdauer	Sechs Wochen
Einheiten pro Woche	Zwei
Organisationsform	Ganzkörpertraining
Übungen pro Muskelgruppe	Eins bis zwei
Satzpausen	60 Sekunden
Intensität	60% des 20-RM

Tabelle 8: Spezifischer Mesozyklus I (eigene Darstellung)

Übungsname	Sätze	Gewicht	Wiederholungen	Time under Tension
Beinpresse horizontal sitzend	Zwei	52,5kg	20	2/0/2
Beinbeuger sitzend Maschine	Zwei	18kg	20	2/0/2
Brustpresse horizontal sitzend	Zwei	21kg	20	2/0/2
Schulterpresse Maschine	Zwei	18kg	20	2/0/2
Breiter Latzug auf die Brust	Zwei	18kg	20	2/0/2
Enges Rudern sitzend	Zwei	24kg	20	2/0/2

Hyperextensions mit Zusatzgewicht vor der Brust	Zwei	3kg	20	2/0/2
Plank mit Zusatzgewicht	Zwei	5kg	30 Sekunden	-

4.1 Begründung und Erklärung der Übungsauswahl

Der abgebildete Mesozyklus stellt den ersten Zyklus des sechsmonatigen Makrozyklus dar. Er verfolgt das Ziel der Kraftausdauer. Innerhalb der vier Wochen soll der Proband sich durch die niedrige Intensität mehr auf die Übungen und Geräte, anstatt auf das Gewicht konzentrieren. Pro Woche werden zwei Einheiten absolviert. Angesetzte Tage sind Montag und Donnerstag, damit ausreichend Erholung stattfinden kann.

Die Übungen im Mesozyklus sind anhand den Zielen des Probanden definiert worden. Um Muskeln aufzubauen muss ein überschwelliger Reiz gesetzt werden. Da jede Muskelgruppe in mindestens einer Übung gefordert ist, ist die Übungsauswahl ideal. Um nach dem Wunsch des Probanden, das maximal zu bewältigende Gewicht eines 20-RM der Beinpresse zu maximieren, zu realisieren, wurde die Beinpresse in das Übungsrepertoire involviert. Hyperextensions eignen eine sich speziell für den unteren Rücken, um die Schmerzen des Probanden in diesem Bereich durch Muskelzuwachs im LWS- Bereich zu lindern.

Wie man dem Plan entnehmen kann, besteht der Schwerpunkt auf Übungen an Maschinen. Dies resultiert aus der mangelnden Trainingserfahrung. Da der Proband erst seit sechs Monaten sporadisch Krafttraining betreibt ist die Wahl der Maschinen empfohlen. Freihantelübungen sind grundlegend nicht schlecht, da sie eine gewisse Grundstabilität aufbauen, werden aber empfehlend erst in kommenden Makrozyklen zum Zuge kommen. An Maschinen wird die Verletzungsgefahr minimiert durch die vorgegebene Bewegungsführung und sie sind schnell und einfach zu erlernen.

Da der Proband gesundheitlich keinerlei Einschränkungen mit sich bringt oder einen besonderen Fokus auf eine Muskelgruppe legen möchte existiert grundlegend kein Schwerpunkt auf einer beliebigen Muskelgruppe.

Die Übungen sind ebenfalls so gewählt, dass mehr- sowie eingelenkige Übungen vorhanden sind. Eingelenkige Übungen haben den Vorteil, dass sie einfach auszuführen sind und eignen sich somit ideal für Beginner. Die intermuskuläre Koordination wird durch

12/18

die mehrgelenkigen Übungen verbessert. Zudem sind sie alltagsnah gestaltet. In der Trainingsplanung sollten mehrgelenkige Übungen vor den eingelenkigen Übungen absolviert werden, da sie koordinativ anspruchsvoller sind als die einfacheren eingelenkigen Übungen. Im vorhandenen Trainingsplan dominieren die mehrgelenkigen Übungen, da wir hiermit mehr Muskeln gleichzeitig trainieren können. Dies bietet sich bei einem Ganzkörpertraining super an und ist gleichzeitig zeitsparend.

Gestartet wird also mit einer mehrgelenkgigen Übung, der Beinpresse. Die Beinpresse wird an der Maschine horizontal sitzend ausgeübt. Hierbei trainiert der Proband besonders den m. quadriceps femoris, den m. gluteus maximus und den m. biceps femoris. Die Übung trainiert so gut wie den ganzen Unterkörper und eignet sich somit super für das Ganzkörperprogramm des Probanden. Anschließend folgt der Beinbeuger, welcher sitzend an der Maschine ausgeführt wird. Mit dem Beinbeuger decken wir nun auch die Wade mit dem m. gastrocnemius ab. Zusätzlich wird die ischiocrurale Muskulatur trainiert, also der m. biceps femoris, m. semimembranosus und der m. semitendinosus. Diese Übung schließt das Training des Unterkörpers ab, somit haben wir mit zwei Übungen einen großen Teil des Körpers mit Reizen abgedeckt.

Nachfolgend wird an der Brustpresse trainiert. Diese wird ebenfalls sitzend horizontal an der Maschine absolviert. M. pectoralis major et minor und der m. triceps brachii werden währenddessen beansprucht. Der Proband strebte zuerst Bankdrücken mit der Langhantel an, jedoch habe Ich mich als Trainer dazu entschieden erst mit der Brustpresse einzusteigen, da das Bankdrücken mit der Langhantel sehr viel Koordination erfordert und diese als Beginner im Krafttraining eher nicht vorhanden ist. Nach kurzer Erläuterung meiner Entscheidung gegenüber dem Probanden akzeptierte er diese Entscheidung, findet diese Variante sogar besser. Das Bankdrücken kann in den nächsten Makrozyklen eingebaut werden, wenn die Erfahrung und Grundmuskulatur hierfür vorhanden ist.

Ein Schritt weiter folgt nun die Schulterpresse, welche ebenfalls an der Maschine ausgeführt wird. Mit der Schulterpresse werden alle drei Teile der Schultermuskulatur angesprochen. Diese umfassen den m. deltoideus pars spinata, m. deltoideus pars acromialis und den m. deltoideus pars clavicularis. Zusätzlich wird durch die Extension im Ellenbogengelenk der m. triceps brachii erschöpft. Mit dieser Übung deckt man die komplette Schulterpartie ab und zusätzlich setzt man einen zweiten Reiz für den m. triceps brachii.

Nun wenden wir uns an den hinteren Teil unseres Oberkörpers und beginnen hierbei mit dem Latzug am Kabelturm. Dieser wird mit einem breiten Griff und auf die Brust ziehend ausgeführt. Bewusst wurde die Variante auf die Brust gewählt, da die Variante in den Nacken zwar dieselben Muskeln anspricht, jedoch eine höhere Verletzungsgefahr in der

Schulter bietet. Durch den breiten Griff werden der m. latissimus dorsi, der m. rhomboideus major, der m. biceps brachii und der m. trapezius pars ascendens trainiert. Durch den Latzug haben wir den oberen Rücken schon sehr gut erschöpft. Gefolgt wird der Latzug vom Rudern, welches ebenfalls am Kabelturm sitzend ausgeführt wird. Hierbei werden ebenfalls der m. latissimus dorsi, der m. deltoideus pars spinata, der m. trapezius pars transversa und der m. infraspinatus gefordert. Somit haben wir nun zwei Übungen um den kompletten oberen Rücken effektiv zu trainieren. Der untere Teil des Rückens im Lendenwirbelsäulenbereich wird der Proband durch Hyperextensions mit Zusatzgewicht vor der Brust stärken. Hierbei wird vor allem das Ziel verfolgt, die Schmerzen in diesem Bereich zu lindern. Mit den Hyperextensions an der Schrägbank werden vorrangig der m. erector spinae und der m. psoas major trainiert. Zusätzlich unterstützt hier der m. biceps femoris und der m. glutaeus maximus. Dadurch, dass bei den Hyperextensions sehr wenig Zusatzgewicht benötigt wird ist diese Übung besonders schonend und kann dadurch auch von Personen mit Rückenproblemen ausgeführt werden.

Die abschließende Übung des Planes und damit der letzte Teil des Ganzkörpertrainings bildet der Plank mit Zusatzgewicht auf dem Rücken. Anders als bei den anderen Übungen gibt es hier keine Wiederholungsanzahl, sondern eine Belastungsdauer. Diese wird in jedem Mesozyklus beibehalten, nur das Zusatzgewicht wird pro Zyklus um 25 Prozent erhöht. Alternativ schlug der Proband Sit-Ups vor, jedoch entschied Ich mich als Trainer gesundheitlich orientierend für den Plank. Bei den Sit-Ups wird bei der Aufrichtung der Hüftbeuger, der m. psoas major trainiert, welcher bei zu hoher Beanspruchung Schmerzen im unteren Bereich der Wirbelsäule verursacht. Da bei den Hyperextensions der m. psoas major bereits trainiert wird, und der Proband bereits leichte Schmerzen im LWS-Bereich erleidet, empfehle ich hier den Plank. Mit dem Plank haben wir einen sehr runden Abschluss des Trainings mit dem wir vor Allem den m. rectus abdominis, m. obliquus internus abdominis und den m. obliquus externus trainieren. Zusätzlich werden Arme, Schulter, Rücken, Brust und Beine beansprucht. Somit ein anspruchsvolles, aber effektives Ende für den Trainingsplan des Probanden.

5 Literaturrecherche

5.1 Erläuterung der Themenauswahl

Im Folgenden werden zwei wissenschaftliche Studien zum Thema „Effekte des Krafttrainings bei Osteoporose" tabellarisch vorgestellt.

5.1.1 Exkurs – Osteoporose

Bei der sogenannten Osteoporose handelt es sich um eine chronische Erkrankung der Knochen, bei der die Anzahl der Osteoklasten, also der knochenabbauenden Zellen, höher ist, als die der Osteoblasten, der knochenbildenden Zellen. Nach der DVO-Leitlinie (2017, S.1-8) ist bei der der Osteoporose ist nicht nur ein einzelner Knochen erkrankt, sondern das komplette Skelettsystem. Durch die Osteoporose kommt es also zu einer Abnahme der Knochenmasse und dadurch einer Verschlechterung des Knochengewebes.

5.2 Studie I – Effekte des Krafttrainings bei Osteoporose

Tabelle 9: Auswertung der ersten Studie (eigene Darstellung)

Effekte eines Trainingsprogramms an Frauen	mit Osteoporose
Wer hat diese Studie durchgeführt?	Stanghelle B., Bentzen H., Giangregorio L., Pripp AH., Bergland A., Skelton D.
In welchem Jahr wurde die Studie publiziert?	2020
Welche Forschungsfrage wurde untersucht?	Wie effektiv ist ein Trainingsprogramm kombiniert aus Krafttraining und Gleichgewichtstraining bei Frauen mit vorheriger Wirbelfraktur resultierend aus Osteoporose?
Mit welchen Versuchspersonen wurde die Studie durchgeführt?	149 Frauen, älter als 65 Jahre, Osteoporose und Wirbelkörperfrakturen wurden diagnostiziert
Wie sah der Versuchsaufbau der Studie aus?	Die Frauen wurden in zwei Gruppen geteilt. Die Interventionsgruppe führte ein zwölfwöchiges Trainingsprogramm durch, während die Kontrollgruppe die übliche Pflege erhielt, also auch kein Trainingsprogramm absolviert. Im Voraus wurden von allen Frauen die gewohnte Gehgeschwindigkeit, die körperliche Fitness, anhand des „Four Square Step Tests", die Lebensqualität und die Angst vor Stürzen dokumentiert. Nach den zwölf Wochen werden die beiden Gruppen mit Hilfe einer Kovarianzanalyse miteinander verglichen.
Welche relevanten Ergebnisse und Schlussfolgerungen liefert die Studie?	Bei der Gehgeschwindigkeit, sowie bei der gesundheitsbezogenen Lebensqualität wurde kein signifikanter Unterschied gemessen. Hingegen hatten Frauen der Interventionsgruppe weniger Angst vor Stürzen und weisen eine bessere körperliche Fitness durch den „FSST" auf. Abschließend ist also zu sagen, dass ein Trainingsprogramm bei Frauen mit Osteoporose und Wirbelkörperfrakturen die Muskelkraft und das Gleichgewicht verbessern und somit eine große Hilfe ist.

5.3 Studie II – Effekte des Krafttrainings bei Osteoporose

Tabelle 10: Auswertung der zweiten Studie (eigene Darstellung)

Grundlegende Übungen zur Verbesserung der mit Osteoporose	Kraft und des Gleichgewichts bei Frauen
Wer hat diese Studie durchgeführt?	Otero M., Esain I., Gonzalez-Suarez AM., Gil SM.
In welchem Jahr wurde die Studie publiziert?	2017
Welche Forschungsfrage wurde untersucht?	Verbessert ein Kraft- Gleichgewichtstraining die Kraft und das statische/dynamische Gleichgewicht?
Mit welchen Versuchspersonen wurde die Studie durchgeführt?	Zwei Gruppen von insgesamt 65 Frauen nach der Menopause mit Osteoporose. Die Versuchsgruppe umfasst 33 Frauen mit einem Durchschnittsalter von ca. 57,4 Jahren. Die restlichen 32 Frauen bilden die Kontrollgruppe, welche ein Durchschnittsalter von ca. 58,8 Jahren aufweist.
Wie sah der Versuchsaufbau der Studie aus?	Die Versuchsgruppe absolvierte ein Programm welches auf Krafttraining und Gleichgewichtstraining mit geringer Intensität und einfachen Geräten aufbaut. Dreimal pro Woche für 60 Minuten für insgesamt sechs Monate. Die Kontrollgruppe sollte ihre üblichen Gewohnheiten im Verlauf der Studie nicht ändern, damit der Vergleich am Ende genau zu dokumentieren ist.
Welche relevanten Ergebnisse und Schlussfolgerungen liefert die Studie?	Die Versuchsgruppe zeigte signifikante Verbesserungen des statischen und des dynamischen Gleichgewichts und der Festigkeit der unteren und oberen Gliedmaßen. Durch das leichte Kraft und Gleichgewichtstraining hat sich der Gesundheitszustand der Frauen also deutlich verbessert.

6   Literaturverzeichnis

Zimmer, M. (1999). Entwicklung und Erprobung eines Mehrwiederholungstests zur Erfassung der Kraftleistung im Fitness-Training. Unveröffentlichte Diplomarbeit, Universität des Saarlandes, Saarbrücken.

Eifler , C. (2019). Studienbrief Trainingslehre I. Interner Lehrbrief für Studenten. BSA/DHfPG, Saarbrücken.

DHL (Deutsche Hochdruckliga), (2013). Leitlinien für das Management der arteriellen Hypertonie. Veröffentlich als ESC Pocket Guideline.

Eifler, C (2003). Empirische Überprüfung der Effekte verschiedener Ansätze zur Intensitätssteuerung im fitnessorientierten Krafttraining.

Stanghelle, B. et al., (2020). Effects of a resistance and balance exercise programme on physical fitness, health-related quality of life and fear of falling in older women with osteoporosis and vertebral fractures: a randomized controlled trial. Veröffentlich als abstract eines trials auf PubMed.

Otero, M., Esain, I., Gonzalez-Suarez, AM., Gil, SM., (2017). The effectiveness of a basic exercise intervention to improve strength and balance in women with osteoporosis. Veröffentlicht als abstract eines trials auf PubMed.

7 Abbildungs- und Tabellenverzeichnis

7.1 Abbildungsverzeichnis

7.2 Tabellenverzeichnis

BEI GRIN MACHT SICH IHR WISSEN BEZAHLT

- Wir veröffentlichen Ihre Hausarbeit,
  Bachelor- und Masterarbeit

- Ihr eigenes eBook und Buch -
  weltweit in allen wichtigen Shops

- Verdienen Sie an jedem Verkauf

Jetzt bei www.GRIN.com hochladen und kostenlos publizieren